Mes petites énigmes

ESCAPE GAME

AVENTURE AU CAMPING

Charlotte LEROY-JOUENNE
Professeur de français,
créatrice d'Escape Games

hachette
ÉDUCATION

Plonge au cœur d'une histoire palpitante, intrigante et pleine de rebondissements et passe d'un univers à l'autre !

Échappe-toi de ce périple qui semble ne jamais finir ! Résous les énigmes une à une et collecte tous les chiffres mystère qui te permettront de t'en sortir et de percer le secret de cette histoire. Prêt(e) à relever le défi ?

Ouvre l'œil et ne laisse passer aucun indice !

Bienvenue dans le jeu !

Conception et réalisation de la couverture : Stéphanie Benoît
Conception graphique : Florence Le Maux
Illustrations (couverture et intérieur) : Dominique Fages
Mise en pages : Médiamax
Édition : Emmanuel Meier

Crédits ©Shutterstock :
Escape Games 1 à 5 : bandeaux ; p. 14, lineartestpilot ; p. 45, GDS Conception.

I.S.B.N. : 978-2-01-711807-7

www.parascolaire.hachette-education.com

Achevé d'imprimer en mars 2021 en Espagne par Grafo - Dépôt légal : Avril 2020 - Édition 02 - 18/8385/5

SOMMAIRE

Aventure AU CAMPING !

Tu es en vacances avec tes parents et ta chienne Biscotte au Camping de la Plage. Depuis ton arrivée, tu as repéré une petite cabane un peu à l'écart, au fond du terrain : l'écusson à tête de dragon sur sa porte t'intrigue… En compagnie de Milo et Zoé, tes nouveaux copains, tu souhaites en percer le mystère. Vous voici devant la cabane : vous poussez la porte, suivis de Biscotte... Vous êtes soudainement transportés dans une mystérieuse forêt !

ESCAPE GAME 1

Mystère en forêt

ÉNIGME 1

Vous vous retrouvez au beau milieu d'une clairière entourée d'une épaisse forêt. Zoé aperçoit au loin un panneau.

Vous vous approchez du panneau et Milo lit les indications suivantes :

Tu jettes un coup d'œil à ta montre : il est 13 h 20.

Calcule votre heure d'arrivée à la plage.

Indice

Additionne les minutes ensemble, puis les heures.

Réponse :

Vous arriverez à : __ __ h __ __ .

La somme de tous les chiffres de l'heure d'arrivée est le chiffre mystère n° 1.

Mon chiffre mystère n° 1

....

ÉNIGME 2

Vous vous engagez sur le sentier de la plage, mais vous arrivez rapidement à un carrefour. Il y a une étrange carte sur un panneau ! Zoé est intriguée par une série d'inscriptions sous la carte.

Décode le début du message.

Début du message décodé :

2 N : ____ cases vers ______________

2 E : ____ cases vers ______________

Indice

Pense aux points cardinaux !

Vous levez la tête vers la carte : un seul sentier correspond aux indications mystérieuses que vous venez de déchiffrer. Reste à trouver lequel...

En t'aidant du message de la page de gauche, suis le chemin qui va au bon sentier.

Le numéro du sentier que vous devez suivre est le chiffre mystère n° 2.

Mon chiffre mystère n° 2

....

ÉNIGME 3

Vous cheminez sur le sentier, quand Biscotte se met à aboyer au pied d'un gros arbre creux. Tu reconnais, gravé sur son tronc, l'écusson à tête de dragon, comme celui de la cabane ; en dessous se trouve un étrange message…

Décode le message.

Message décodé :

_ _ _ _ _ _ _ _

_ _ _ _ _ _   _ _ _

_ _ _ _ _ _ _ _

Indice

Remplace chaque lettre par celle qui la suit dans l'alphabet.

Milo fait le tour de l'arbre
et repère un petit coffre
fermé par un cadenas.

Zoé remarque une feuille de papier cachée sous le coffre :
elle l'attrape, la déplie et te la tend.
Tu y découvres de drôles de calculs…

Trouve le code du coffre.

Indice

Châtaigne = 2

Code du coffre :

_ _ _ _

La somme des 4 chiffres du coffre est le chiffre mystère n° 3.

Mon chiffre mystère n° 3

……………

ÉNIGME 4

Tu dictes le code à Milo : il tourne les molettes du cadenas et ouvre le coffre. À l'intérieur, vous trouvez deux parchemins.

Trouve un mystérieux mot caché dans la grille.

SUR – DANS – TÔT – DEVANT

DONT – CHEZ – DESSUS – ENTRE

SI – TOUJOURS – AVEC – OR – LÀ

Indice

Une même lettre peut servir plusieurs fois !

Mot mystérieux :

__ __ __

Ce mot mystérieux va sûrement vous aider à comprendre le second parchemin… Mais comment ?

Colorie les bonnes cases de la grille.

Indice

Grise les cases quand le chiffre des unités est 0 comme dans 10 : un chiffre apparaît !

Le chiffre que tu lis dans la grille est le chiffre mystère n° 4.

Mon chiffre mystère n° 4

....

ÉNIGME 5

Vous reprenez votre marche à travers la forêt, en vous demandant ce que signifient les messages du coffre, quand soudain Milo vous fait signe de vous taire…
Tu tends l'oreille et distingues des paroles surprenantes.

Découvre les paroles en trouvant le code secret.

lapin • escargot
tortue • rhinocéros • escargot • serpent • ours • rhinocéros
escargot • serpent • tortue
chat • âne • chat • hérisson • escargot dauphin • âne • narval • serpent
lapin • âne
serpent • âne • lapin • lapin • escargot
dauphin • escargot • serpent
âne • rhinocéros • mouton • escargot • serpent

âne	chat	dauphin	escargot	girafe	hérisson	lapin	mouton	narval	ours	rhinocéros	serpent	tortue

Paroles décodées :

_ _ _ _ _ _ _ _ _ _ _ _ _

_ _ _ _ _ _ _ _ _ _ _ _ _

_ _ _ _ _ _ _ _ _ _ _ _ _ _ .

Indice

Écris en dessous de chaque animal la première lettre de son nom !

Ces paroles ont aiguisé votre curiosité. Zoé propose d'avancer en direction des voix pour demander votre chemin.
Vous apercevez alors deux groupes de randonneurs.

Trouve quel groupe interroger.

Le chiffre des centaines du résultat de la dernière opération est le chiffre mystère n° 5.

Mon chiffre mystère n° 5

....

DÉCOUVRE LE MOT SECRET

Avec l'aide des randonneurs, vous sortez enfin de la forêt. Arrête-toi un instant pour déchiffrer le mot secret grâce aux cinq chiffres mystère que tu as découverts.

Reporte dans ce tableau tous les chiffres mystère.

Chiffre mystère de l'énigme...				
1	2	3	4	5
....	....	....	....	....

Entoure, pour chaque énigme, la lettre correspondant au chiffre mystère.

Chiffre mystère	1	2	3	4	5	6	7	8	9
Énigme 1	U	C	V	E	D	G	O	P	X
Énigme 2	X	E	C	N	A	F	T	Q	A
Énigme 3	B	L	W	T	B	T	T	K	P
Énigme 4	R	A	P	I	O	F	J	U	I
Énigme 5	Q	O	T	E	V	L	K	Y	R

Écris dans l'ordre les lettres que tu as entourées et découvre le premier mot secret.

Mot secret de l'Escape Game 1

Vous voici enfin arrivés à la plage ! À cet instant, deux plongeurs sortent de l'eau. Un étrange détail attire ton attention : sur les manches de leurs combinaisons, tu distingues un écusson à tête de dragon…

ESCAPE GAME 2

Plongeurs suspects

ÉNIGME 6

Avec tes amis, vous vous cachez dans les hautes herbes pour espionner les deux hommes sans être vus. Ils ont une conversation animée que vous essayez de comprendre.

Découvre la conversation des deux hommes.

Paroles décodées :

_ _   _ _ _ _ _ _ _ _

_ _   _ _ _ _ _ _ _ _ _ !

Paroles décodées :

_ _   _ _ _ _ _   _   _ _ _ _ _ _ _ _

_ _ _   _ _ _ _ _   _ _ _ _ _ _ _ _ !

La conversation des plongeurs confirme vos soupçons : tout cela est louche ! Vous continuez à les observer. Ils font des gestes étranges : Zoé pense qu'ils font des signes à quelqu'un. Oui, mais à qui ?

Trouve où se cachent les complices des deux hommes.

Indice

Pour calculer, commence toujours par les unités !

Le résultat des deux divisions est le chiffre mystère n° 6.

Mon chiffre mystère n° 6

....

ÉNIGME 7

Vous avez repéré, au loin, le lieu où se trouvent les complices. Milo remarque qu'une lumière se met à clignoter. Ces signaux lumineux sont des messages adressés aux plongeurs !

Déchiffre ce message.

Message déchiffré :

Tu finis tout juste de traduire le message à tes amis quand les deux hommes s'éloignent. Dans leur précipitation, ils font tomber un objet derrière eux. Zoé fonce le ramasser.

Trouve le code d'entrée sur le papier.

Indice

Aide-toi des tables de multiplication !

Code d'entrée :

_ _ _ _

Le chiffre des milliers du code d'entrée est le chiffre mystère n° 7.

Mon chiffre mystère n° 7

ÉNIGME 8

Trop occupés à déchiffrer le code, vous avez perdu de vue les suspects ! Leurs traces de pas s'arrêtent à l'escalier du chemin côtier… De quel côté sont-ils partis ? Milo interroge des personnes qui se trouvent là.

Trouve la direction à prendre.

Indice

Si tu peux mettre « non » devant la phrase, elle est négative.

Réponse :

Il faut prendre la direction : ____________________

Vous suivez le chemin jusqu'au lieu indiqué par le panneau. Soudain, Zoé repère les plongeurs. Que disent-ils ?

Déchiffre les paroles de la bulle.

Paroles déchiffrées :

L'homme a dit : ______________________________

____

Le nombre à deux chiffres du rébus, divisé par 2, est le chiffre mystère n° 8.

Mon chiffre mystère n° 8

....

ÉNIGME 9

Vous avez raison : les hommes sont attendus par des complices ! Leur camionnette démarre et s'éloigne rapidement. Comment faire pour les rattraper à présent ? Heureusement, il y a un arrêt de bus !

Vérifie si vous pouvez acheter des tickets pour vous trois.

Indice

« Demi » signifie la moitié ! Attention, il vous faut 3 tickets enfant !

Réponse :

Vous possédez la somme de : _______ euros _______.

Le montant de vos tickets s'élève à _______ euros.

Vous pouvez acheter des tickets : Oui ◯ Non ◯

Ouf, sauvés ! Vous allez pouvoir payer vos tickets !
Vous décidez de prendre le prochain bus. Zoé te demande à quelle heure vous arriverez à destination.

Indique à Zoé et Milo votre heure d'arrivée.

Indice

Le panneau des tarifs de la page précédente donne la durée du trajet !

Réponse :

Il est actuellement : __ __ h __ __

Vous prendrez le bus à : __ __ h __ __

Vous arriverez donc à : __ __ h __ __

Le prix d'un ticket enfant pour le château est le chiffre mystère n° 9.

Mon chiffre mystère n° 9

....

ÉNIGME 10

Le bus arrive enfin ! Zoé paie vos tickets au chauffeur puis monte s'asseoir avec Milo. Tu t'apprêtes à les rejoindre quand le chauffeur t'arrête et s'adresse à toi d'un ton ferme !

Découvre les propos du chauffeur.

Indice

Aide-toi du panneau de la page 24 !

Réponse :

Le chauffeur te dit : ______________________________ !

Tu répares ton oubli et peux enfin monter avec Biscotte.
Le bus démarre. Tout à coup, tu surprends une conversation entre deux passagères...

Décode la bulle de la passagère.

Bulle décodée :

____

____

Indice
A = 1 ... Z = 26

Le nombre de lettres de votre moyen de transport est le chiffre mystère n° 10.

Mon chiffre mystère n° 10

....

DÉCOUVRE LE MOT SECRET

Alors que le bus vous conduit vers le château, prends le temps de déchiffrer le mot secret grâce aux cinq chiffres mystère que tu as découverts.

Reporte dans ce tableau les chiffres mystère.

Chiffre mystère de l'énigme...				
6	*7*	*8*	*9*	*10*
....	....	....	....	....

Entoure, pour chaque énigme, la lettre correspondant au chiffre mystère.

Chiffre mystère	1	2	3	4	5	6	7	8	9
Énigme 6	F	Y	G	A	D	J	O	C	Z
Énigme 7	Q	I	V	A	B	M	P	Y	E
Énigme 8	J	F	N	Z	D	E	L	B	P
Énigme 9	C	R	S	R	I	F	Z	U	I
Énigme 10	K	O	E	A	V	L	E	Y	N

Écris dans l'ordre les lettres que tu as entourées et découvre le deuxième mot secret.

Mot secret de l'Escape Game 2

____

Vous descendez à l'arrêt du château, puis remontez l'allée qui mène à sa grille. Elle est fermée par un digicode... Zoé sort alors de sa poche le papier ramassé sur la plage et entre le code : la grille s'ouvre...

ESCAPE GAME 3

Au cœur du château

ÉNIGME 11

Vous avancez prudemment dans le parc du château ; les portes de la grille se referment derrière vous. Vous entendez alors des cris. Vous filez vous cacher derrière un buisson...

Déchiffre les cris de l'homme.

$$\begin{array}{r} 389 \\ +\,194 \\ \hline \_\ \_\ \_ \end{array} \qquad \begin{array}{r} 659 \\ -\,392 \\ \hline \_\ \_\ \_ \end{array} \qquad \begin{array}{r} 227 \\ -\,186 \\ \hline \_\ \_\ \_ \end{array}$$

1	2	3	4	5	6	7	8
A	E	I	L	Q	S	T	U

Cris déchiffrés :

_ _ _ _ _ _ _ _ ?

Après le départ de l'homme, vous vous faufilez à l'arrière du château. Biscotte s'arrête devant une porte en bois. Hélas, il y a aussi un code...

Trouve le code de la porte.

Indice

Barre les nombres horizontalement et verticalement dans la grille, puis reporte les 4 chiffres restants de haut en bas.

5	4	6	0	3	8	7	2
9	7	8	2	5	3	4	3
1	0	5	9	7	2	1	9
2	3	4	2	8	5	7	1
9	6	1	8	2	6	9	3
4	5	0	2	3	1	7	8
8	1	4	7	0	4	5	1
7	2	3	5	9	0	6	1

230	603
253	614
285	618
294	703
381	723
391	756
417	814
502	854
590	872
591	972

Code :

_ _ _ _

Le chiffre des unités du code est le chiffre mystère n° 11.

Mon chiffre mystère n° 11

....

ÉNIGME 12

Vous pénétrez dans le château : aucun bruit. Vous avancez doucement. Soudain, Zoé désigne une pièce éclairée au bout du couloir. En t'approchant silencieusement, tu surprends une conversation...

Décode cette conversation.

Bulle 1 décodée :

____ .

Bulle 2 décodée :

__________________________ !

Indice

Ce sont des rébus !

Tu racontes à tes amis ce que tu as entendu. « Il faut prévenir la police ! », dit Zoé. Milo lui répond qu'il vous faut des preuves. Vous décidez de chercher la pièce où se trouvent les objets volés.

Trouve la bonne pièce.

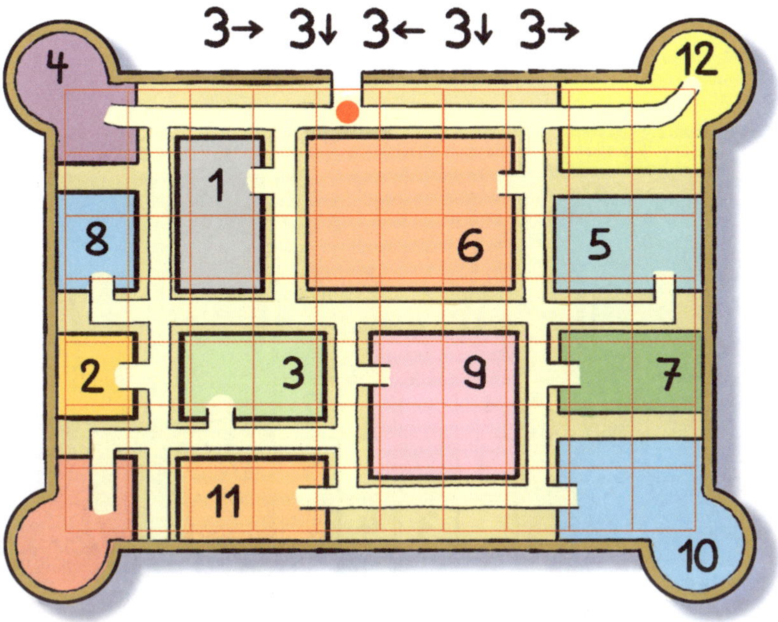

Indice

Le nombre devant les flèches de direction indique le nombre de cases à avancer !

Réponse :

Numéro de la pièce où sont cachés les objets volés : ____

Le chemin tracé est le chiffre mystère n° 12.

Mon chiffre mystère n° 12

....

ÉNIGME 13

Zut, la porte est verrouillée ! Sur un tableau sont accrochées des clés numérotées. Laquelle choisir ? Vous n'avez pas le temps de toutes les essayer !

Trouve la bonne clé.

Indice

Dans chaque carré, chaque colonne et chaque ligne, il y a une seule fois les chiffres de 1 à 4 !

Numéro de la clé : _ _ _ _

Bingo : vous réussissez à ouvrir la porte ! Vous entrez et découvrez le contenu de la pièce avec stupéfaction...

Trouve sept différences entre ces deux dessins.

Le nombre de vases dans le dessin est le chiffre mystère n° 13.

Mon chiffre mystère n° 13

....

ÉNIGME 14

Zoé prend quelques photos qui vous serviront de preuves. Tout à coup, des pas retentissent dans l'escalier ; vite, il faut vous cacher... Mais où ?

Reporte les sujets sans article dans la grille et trouve une cachette.

① Les voleurs cachent leur butin.
② La fillette photographie les objets volés.
③ Le danger arrive.
④ Le château est le repère des voleurs.
⑤ Les enfants cherchent une cachette.
⑥ La peur des enfants est grande.

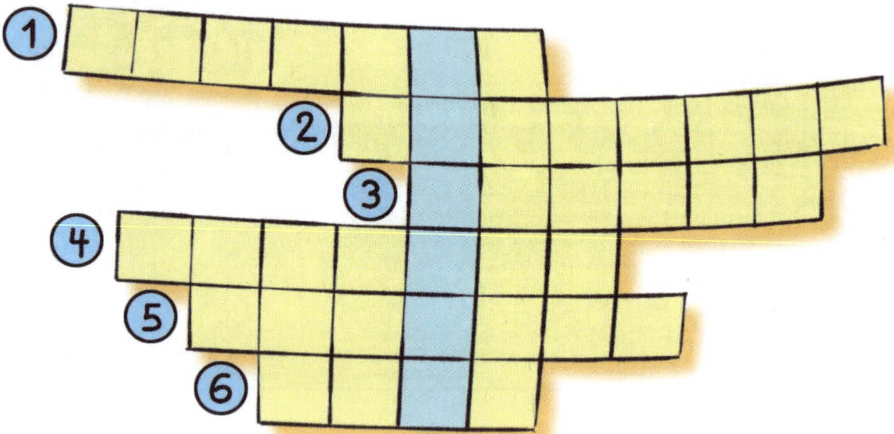

Indice

Un mot apparaît à la verticale !

Votre cachette :

Derrière le _ _ _ _ _ _ _ !

Ouf ! Les hommes sont passés sans vous voir. Il faut vite sortir maintenant que vous avez des preuves. Biscotte vous guide jusqu'à une grille qui donne sur le parc. Aïe ! Il y a un énorme cadenas...

Trouve le code du cadenas.

7	10	19	2	29	16	24	1
23	3	32	12	30	8	26	14
26	20	29	13	33	32	22	28
14	17	6	31	23	7	11	4
25	4	15	27	10	34	20	13
21	12	24	1	33	18	9	19
30	27	16	34	22	31	15	25
8	18	5	11	28	3	21	17

Indice

Barre les nombres en double : il reste 4 chiffres à lire de haut en bas.

Code du cadenas : _ _ _ _

Le chiffre des centaines du code est le chiffre mystère n° 14.

Mon chiffre mystère n° 14

....

ÉNIGME 15

Hourra : la grille s'ouvre ! Vous voilà dehors, prêts à prévenir la police. Vous vous dirigez rapidement vers la sortie quand vous entendez soudain des voix gronder derrière vous...

Décode les paroles.

★	⬆	🔥	✉	📖	☾	⬇	🏠	🔍	☀
A	C	E	F	N	P	R	S	T	Z

Paroles décodées :

_ _ _ _ _ _ _ _ _ _ _   _ _ _   _ _ _ _ _ _ _ _ _ !

Les voleurs sont à vos trousses ! Ils vous poursuivent à travers les allées du parc. Vous courez le plus vite possible vers la grille...

Rejoins la grille.

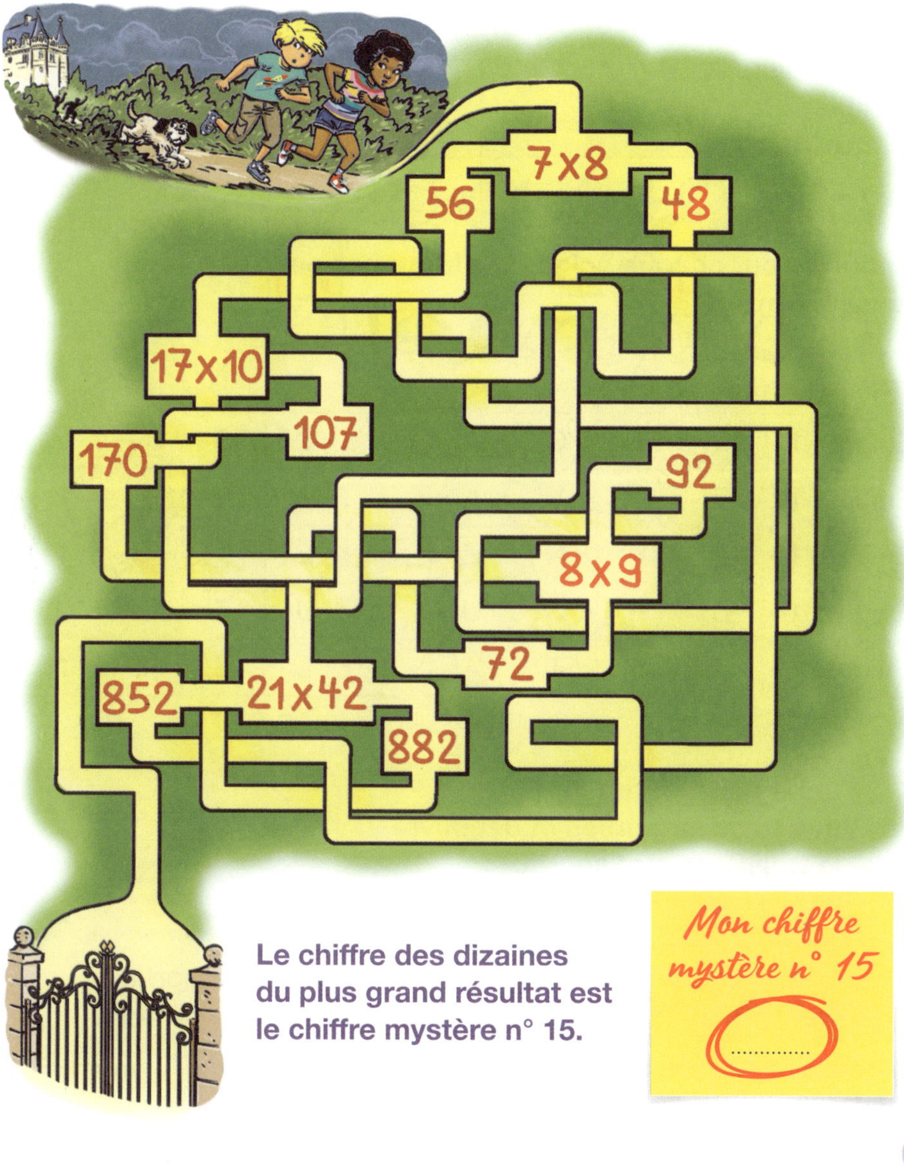

Le chiffre des dizaines du plus grand résultat est le chiffre mystère n° 15.

Mon chiffre mystère n° 15

....

DÉCOUVRE LE MOT SECRET

Alors que vous continuez à courir, réfléchis aux cinq chiffres mystère que tu as découverts dans le château.

Reporte dans ce tableau les chiffres mystère.

Chiffre mystère de l'énigme...				
11	12	13	14	15
....	....	....	....	....

Entoure, pour chaque énigme, la lettre correspondant au chiffre mystère.

Chiffre mystère	1	2	3	4	5	6	7	8	9
Énigme 11	S	Y	G	A	D	J	O	C	Z
Énigme 12	Q	I	V	A	B	M	P	Y	E
Énigme 13	J	F	N	Z	D	E	T	B	P
Énigme 14	C	R	S	U	I	U	Z	U	I
Énigme 15	K	O	T	A	V	L	E	E	N

Écris dans l'ordre les lettres que tu as entourées et découvre le troisième mot secret.

Mot secret de l'Escape Game 3

____

Vous parvenez de justesse à atteindre la grille et à sortir. Mais les hommes se rapprochent ! Milo vous montre alors le parc d'attractions, juste devant vous, où vous pourrez semer les malfaiteurs...

ESCAPE GAME 4

Course-poursuite

ÉNIGME 16

À bout de souffle, vous pénétrez dans le parc d'attractions. Les hommes ne vont pas tarder à arriver... Vous filez en direction de la billetterie pour vous cacher.

Ouvre la porte.

Les malfaiteurs passent lentement à côté du bâtiment. Biscotte, que tu tenais dans tes bras, s'échappe et actionne accidentellement un bouton : instantanément, les lumières du parc s'allument...

Éteins rapidement les lumières pour éviter d'être repérés.

Réponse :

Il faut presser les touches : _ _

Indice

Commence par calculer le code pour allumer.

Le chiffre des unités du code pour éteindre est le chiffre mystère n° 16.

Mon chiffre mystère n° 16

....

ÉNIGME 17

Tu éteins les lumières, mais c'est trop tard : les deux hommes vous ont repérés et se dirigent vers le bâtiment... Vous foncez vers l'issue de secours : fermée ! La clé se trouve dans un boîtier à code sur le mur.

Trouve le code qui ouvre le boîtier.

Indice

CODE = C-O-D-E

Code :

_ _ _ _

Milo ouvre la porte au moment où les hommes font irruption dans la pièce. Vous courez pour leur échapper. Quand tu t'arrêtes enfin, il ne reste que Biscotte à tes côtés...
Tu décides de prendre de la hauteur pour tenter de retrouver tes amis.

Trouve le code du cadenas pour accéder à l'escalier intérieur de la tour infernale.

① Figure à 3 côtés.
② Angle compris entre 90° et 180°.
③ Nombre d'angles droits dans un triangle rectangle.
④ Instrument de mesure de l'écolier.

Code du cadenas :

_ _ _ _

Le seul chiffre de la grille est le chiffre mystère n° 17.

Mon chiffre mystère n° 17

....

ÉNIGME 18

Une fois la grille de la tour ouverte, tu dis à Biscotte de faire le guet en bas et tu montes au sommet. De là-haut, tu vois tout le parc. Où peuvent bien se trouver tes amis ?

Essaie de localiser les attractions où se sont cachés Zoé et Milo.

Indice

Tu dois trouver seulement une cachette !

Tu aperçois Milo : caché près des montagnes russes, il ne voit pas le malfaiteur qui s'approche. Tu dois faire quelque chose ! Tu redescends à toute vitesse et fonces pour lui venir en aide.

Actionne la bonne manette pour aider Milo à s'échapper.

Réponse :

Il faut monter la manette : __

Indice

Miroir, mon beau miroir !

Le numéro de la manette à actionner est le chiffre mystère n° 18.

Mon chiffre mystère n° 18

....

ÉNIGME 19

Au moment où l'homme va attraper ton ami, l'attraction se met en route ! Le malfaiteur est heurté par un wagon et chute lourdement. Vous partez rapidement. Plus loin, Biscotte se met à aboyer devant un bâtiment.

Trouve le code qui ouvre le bâtiment.

Code du bâtiment :

_ _ _ _

Indice

Il y a des lettres au-dessus des touches chiffrées !

Tu ouvres et découvres Zoé : elle s'est retrouvée enfermée en voulant se cacher ! Au fond de la pièce, Milo remarque une autre porte. Zoé vous montre alors une plaque métallique qu'elle a trouvée.

Remonte les bonnes manettes pour ouvrir la porte.

Indice

Compare la plaque avec les manettes.

Réponse :

Il faut remonter les manettes : __ __ __

Le chiffre de la dernière manette à remonter est le chiffre mystère n° 19.

Mon chiffre mystère n° 19

....

ÉNIGME 20

De l'autre côté, c'est la salle de surveillance vidéo du parc ! Milo allume l'ordinateur pour localiser vos poursuivants. Il y a un mot de passe... Le panneau au-dessus des écrans attire ton attention.

Déchiffre le mot de passe de l'ordinateur.

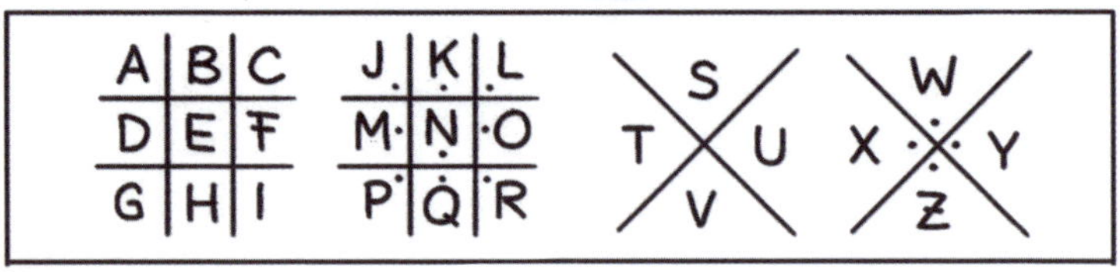

Mot de passe :

_ _ _ _ _ _ _ _ _ _ _ _

Les écrans s'allument enfin. Aucune trace des hommes : ils ont dû repartir, ouf ! Vous sortez prudemment. Zoé s'étonne de voir fonctionner la grande roue : vous décidez de l'arrêter.

Appuie sur les touches du clavier pour stopper la grande roue.

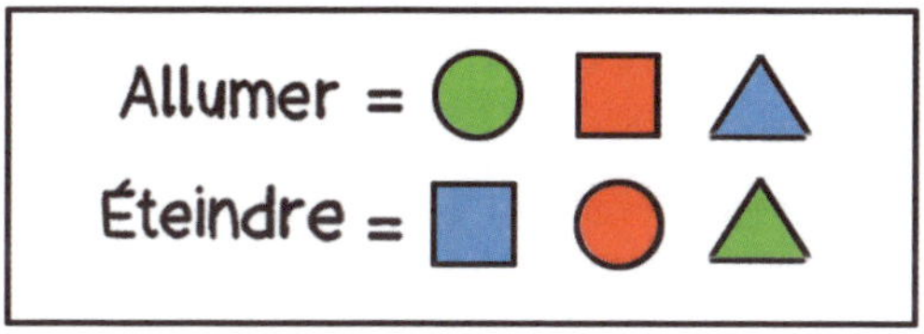

Indice

Triangle rouge = 1

Touches à appuyer :

_ _ _

La première touche à appuyer est le chiffre mystère n° 20.

Mon chiffre mystère n° 20

....

DÉCOUVRE LE MOT SECRET

Au moment où la grande roue s'arrête, Biscotte se met à aboyer en direction d'une nacelle proche du sol. Tu t'approches avec Milo : deux hommes vous sautent dessus et vous attrapent...

Reporte dans ce tableau les chiffres mystère.

Chiffre mystère de l'énigme...				
16	17	18	19	20
....	....	....	....	....

Entoure, pour chaque énigme, la lettre correspondant au chiffre mystère.

Chiffre mystère	1	2	3	4	5	6	7	8	9
Énigme 16	F	Y	G	A	D	S	O	C	Z
Énigme 17	U	I	V	A	B	M	P	Y	E
Énigme 18	J	F	R	Z	D	E	L	B	P
Énigme 19	C	R	S	U	L	F	Z	U	I
Énigme 20	K	O	T	A	V	L	E	Y	A

Écris dans l'ordre les lettres que tu as entourées et découvre le quatrième mot secret.

Mot secret de l'Escape Game 4

____

Zoé a réussi à s'enfuir avec Biscotte, mais toi et Milo êtes à présent prisonniers... Les malfrats vous jettent à l'arrière d'une camionnette qui démarre aussitôt : qu'allez-vous devenir ?

ESCAPE GAME 5

Prisonniers !

ÉNIGME 21

La camionnette s'arrête : vous voici revenus au château ! Les malfrats vous descendent au sous-sol dans une pièce sombre. Quand tes yeux s'habituent à l'obscurité, tu distingues des interrupteurs.

Trouve l'interrupteur qui allume la lumière.

Interrupteur :

n° __

Une fois la lumière allumée, vous découvrez la pièce autour de vous : la porte par laquelle vous êtes arrivés est verrouillée, mais il y a une autre grille à code.

Trouve le code qui ouvre la grille.

Indice

Les couleurs des chiffres manquants du calcul correspondent à celles sur la grille !

Code de la grille :

_ _ _

Le chiffre des dizaines du code de la grille est le chiffre mystère n° 21.

Mon chiffre mystère n° 21

....

ÉNIGME 22

La grille s'ouvre. C'est ici que les bandits préparaient leurs vols ! Il y a une issue de secours, mais elle est sécurisée... Milo allume l'ordinateur : une suite de symboles clignote à l'écran.

Trouve le code pour déverrouiller l'ordinateur.

Indice

Compte le nombre de côtés de chaque figure !

Code :

_ _ _ _

Des dossiers s'affichent. Milo clique sur celui qui s'intitule « Ouverture issue de secours ». Un message chiffré apparaît alors sur l'écran : les couleurs sont identiques à celles d'un tableau sur le mur…

Décode le message sur l'écran.

	1	2	3	4	5	6
[brun]	A	E	Y	I	N	W
[vert]	L	X	H	A	O	E
[bleu]	S	B	P	T	J	Q
[violet]	N	I	U	D	M	R
[rouge-orangé]	F	V	G	L	S	U
[orange]	R	C	O	Z	K	B

Message décodé :

____

Indice

1 marron = A

Le chiffre des dizaines de milliers du dernier nombre sur l'écran est le chiffre mystère n° 22.

Mon chiffre mystère n° 22

……………

ÉNIGME 23

Où trouver ce mot de passe ? Vous vous mettez à chercher parmi les documents éparpillés sur le bureau. Ton regard est attiré par l'enveloppe au-dessus de la pile.

Déchiffre l'inscription sur l'enveloppe.

Indice

Il faut lire chaque mot à l'envers !

Inscription déchiffrée :

____

Milo s'empresse de l'ouvrir. À l'intérieur, il y a une feuille avec une étrange petite roue et un mot au milieu...

Décode le mot sur la feuille.

Indice

L'alphabet a été décalé : aide-toi de la roue !

Mot décodé :

____

La position dans l'alphabet de la dernière lettre du mot est le chiffre mystère n° 23.

Mon chiffre mystère n° 23

....

ÉNIGME 24

Tu tapes le mot sur le clavier : aussitôt, les lumières au-dessus de l'issue de secours sécurisée s'allument. Sur l'écran, une série de calculs apparaît...

Trouve la valeur de chaque lettre.

Valeur des lettres :

A = __ ; B = __ ; C = __ ; D = __

Indice

D = 1 !

À quoi peuvent bien servir ces calculs ? Tu réfléchis quand Milo pousse soudain un cri de victoire. Derrière un épais rideau, il vient de découvrir un coffre-fort !

Trouve le code du coffre-fort.

Indice

Sers-toi des résultats de la page de gauche !

Code :

_ _ _ _

Le chiffre des milliers du code est le chiffre mystère n° 24.

Mon chiffre mystère n° 24

....

ÉNIGME 25

À l'intérieur du coffre, il y a une feuille et une tablette, mais aussi une télécommande avec deux gros boutons : à quoi sert-elle ? C'est trop risqué d'appuyer au hasard !

Déchiffre le message pour savoir sur quel bouton appuyer pour ouvrir l'issue de secours sécurisée.

Couleur du bouton :

____

Indice

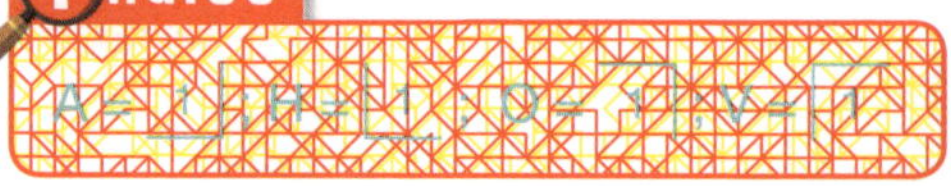

Tu appuies sur le bon bouton : la porte de l'issue de secours coulisse laissant apparaître une seconde porte fermée par un code… Tu t'approches de Milo : il scrute un tableau accroché au mur.

Trouve le code.

Indice

Compte le nombre de rectangles !

Code :

__ __

Le chiffre des dizaines du code est le chiffre mystère n° 25.

Mon chiffre mystère n° 25

....

DÉCOUVRE LE MOT SECRET

Tu tapes le code et la porte s'ouvre enfin ! Au même moment, des véhicules de police envahissent la cour ! Zoé sort en courant d'une des voitures et se jette dans vos bras pendant que Biscotte vous fait la fête !

Reporte dans ce tableau les chiffres mystère.

Chiffre mystère de l'énigme...				
21	22	23	24	25
....	....	....	....	....

Entoure, pour chaque énigme, la lettre correspondant au chiffre mystère.

Chiffre mystère	1	2	3	4	5	6	7	8	9
Énigme 21	F	Y	G	T	D	J	O	C	Z
Énigme 22	Q	I	A	A	B	M	P	Y	E
Énigme 23	J	F	N	Z	B	E	L	B	P
Énigme 24	C	L	S	U	I	F	Z	U	I
Énigme 25	E	O	T	A	V	L	E	Y	N

Écris dans l'ordre les lettres que tu as entourées et découvre le cinquième mot secret.

Mot secret de l'Escape Game 5

Les policiers fouillent le château, puis ressortent avec les hommes menottés. L'inspecteur de police les interroge. Mais les deux hommes refusent de révéler l'identité de leur chef…

ESCAPE GAME FINAL

Tu conduis l'inspecteur de police dans le bureau des bandits. Comme les malfaiteurs refusent toujours de parler, l'inspecteur se met alors à fouiller les lieux à la recherche d'un indice...

Tu repenses alors aux mots mystère. Zoé les note sur une feuille. Sous vos yeux ébahis, un indice apparaît...

Escape Game 1

_ _ _ _ _

Escape Game 2

_ _ _ _ _

Escape Game 3

_ _ _ _ _

Escape Game 4

_ _ _ _ _

Escape Game 5

_ _ _ _ _

L'indice secret est :

____

____

Tu saisis le cadre situé sur la table et tu l'ouvres. Derrière la photo, il y a une enveloppe. Elle contient une lettre signée de la main du chef des bandits : il est démasqué ! Aussitôt le décor change et vous voici de retour dans la cabane : mystère résolu !

SOLUTIONS

ÉNIGME 1

Page 7

13 h 20 + 1 h 10 = 14 h 30

- **Réponse :** Vous arriverez à **14** h **30**.
- **Chiffre mystère n° 1 : 8** (1 + 4 + 3 + 0 = **8**).

ÉNIGME 2

Page 8

- **Début du message décodé :** 2 N : **2** cases vers **le nord**.

2 E : **2** cases vers **l'est**.

Page 9

- **Chiffre mystère n° 2 : 2**.

ÉNIGME 3

Page 10

- **Message décodé : Regarde entre mes racines.**

Page 11

 = **2** (2 + 2 = 4)  = **1** (2 : 2 = 1)  = **3** (2 + 1 = 3)

- **Code du coffre : 1 3 1 2.**
- **Chiffre mystère n° 3 : 7** (1 + 3 + 1 + 2 = **7**).

ÉNIGME 4

Page 12

- **Mot mystérieux : DIX.**

T	O	U	J	O	U	R	S	D
D	A	N	S	A	V	E	C	E
S	C	H	E	Z	L	A	O	V
I	D	O	N	T	S	U	R	A
D	E	S	S	U	S	D	I	N
X	E	N	T	R	E	T	O	T

Page 13

- **Chiffre mystère n° 4 : 9.**

23	10	20	30	45
22	40	17	80	42
59	50	60	70	18
11	21	7	90	39
47	100	110	120	15

ÉNIGME 5

Page 14

âne	chat	dauphin	escargot	girafe	hérisson	lapin	mouton	narval	ours	rhinocéros	serpent	tortue
A	**C**	**D**	**E**	**G**	**H**	**L**	**M**	**N**	**O**	**R**	**S**	**T**

- **Paroles décodées : Le trésor est caché dans la salle des armes.**

Page 15

▶ **Chiffre mystère n° 5 : 3** (**3**79).

Découvre le mot secret – Page 16

Chiffre mystère de l'énigme...				
1	2	3	4	5
8	2	7	9	3

Énigme 1	U	C	V	E	D	G	O	**P**	X
Énigme 2	X	**E**	C	N	A	F	T	Q	A
Énigme 3	B	L	W	T	B	T	**T**	K	P
Énigme 4	R	A	P	I	O	F	J	U	**I**
Énigme 5	Q	O	**T**	E	V	L	K	Y	R

▶ **Mot secret de l'Escape Game 1 :** PETIT.

ÉNIGME 6

Page 18

- **Paroles décodées : Se déguiser en plongeurs !**
- **Paroles décodées : Le chef a vraiment des idées bizarres !**

Page 19

- **Chiffre mystère n° 6 : 8**

(64 : 8 = **8** et 72 : 9 = **8**).

ÉNIGME 7

Page 20

- **Message déchiffré : La cargaison est prête à être emportée.**

Page 21

36 : 9 = **4** 9 × **7** = 63 **6** × 8 = 48 72 : **9** = 8

- **Code d'entrée : 4 6 9 7** (ACDB)
- **Chiffre mystère n° 7 : 4** (**4** 697)

ÉNIGME 8

Page 22

L'adulte dit que seul l'enfant qui utilise une phrase négative dit la vérité. C'est donc l'enfant qui dit : « Ils **ne** sont partis **ni** vers le village **ni** vers la forêt. »

- **Réponse :** Il faut prendre la direction : **parking**.

Page 23

▶ **Paroles déchiffrées :** L'homme a dit : **Il faut récupérer la marchandise au château !**
(île / faux / raie / Q / p / air / haie / lame / arche / an / 10 / eau / chatte / O !)

▶ **Chiffre mystère n° 8 : 5** (10 : 2 = **5**).

ÉNIGME 9

Page 24

50 c + 50 c + 50 c + 20 c + 20 c + 10 c + 10c = 2 € 10 c
2 € + 50 c + 50 c + 10 c + 10 c = 3 € 20 c
1 € + 20 c + 20 c + 5 c + 5 c + 5 c + 5 c = 1 € 60 c
2 € 10 c + 3 € 20 c + 1 € 60 c = 6 € 90

▶ **Réponse :** Vous possédez la somme de **6** euros **90**.
Le montant de vos tickets s'élève à **6** euros. (4 : 2 = 2 et 3 × 2 = 6)
Vous pouvez acheter des tickets : Oui ☒ Non ☐

Page 25

La durée de transport pour se rendre au château est de **20 minutes**.

▶ **Réponse :** Il est actuellement : **15** h **10**.
Vous prendrez le bus à : **15** h **35**.
Vous arriverez donc à : **15** h **55**.

▶ **Chiffre mystère n° 9 : 2**.

ÉNIGME 10

Page 26

▶ **Réponse :** Le chauffeur te dit : **Les chiens doivent être tenus en laisse, jeune homme !**

Page 27

▶ **Bulle décodée : J'espère que les voleurs d'œuvres d'art seront arrêtés !**

▶ **Chiffre mystère n° 10 : 3** (bus = **3** lettres).

Découvre le mot secret – Page 28

Chiffre mystère de l'énigme...				
6	7	8	9	10
8	4	5	2	3

Énigme 6	F	Y	G	A	D	J	O	**C**	Z
Énigme 7	Q	I	V	**A**	B	M	P	Y	E
Énigme 8	J	F	N	Z	**D**	E	L	B	P
Énigme 9	C	**R**	S	R	I	F	Z	U	I
Énigme 10	K	O	**E**	A	V	L	E	Y	N

▶ **Mot secret de l'Escape Game 2 :** CADRE.

ÉNIGME 11

Page 30

```
  1 1
  3 8 9
+ 1 9 4
-------
  5 8 3
```

```
   6 ₁5 9
– ₁3  9 2
---------
   2  6 7
```

```
   2 ₁2 7
– ₁1  8 6
---------
   0  4 1
```

▶ **Cris déchiffrés : Qui est là ?**

Page 31

▶ **Code : 4 9 7 1.**

▶ **Chiffre mystère n° 11 :**
1 (4 97**1**).

ÉNIGME 12

Page 32

- **Bulle 1 décodée : Le départ des objets volés aura lieu demain.** (L / œufs / dé / pas / R / dé / Z / eau / B / jet / veau / lait / O / rat / lit / E / deux mains)
- **Bulle 2 décodée : Parfait !** (part / fée)

Page 33

- **Réponse :** Numéro de la pièce où sont cachés les objets volés : **10**.
- **Chiffre mystère n° 12 : 2**.

ÉNIGME 13

Page 34

1	**4**	**3**	2
3	**2**	1	4
2	3	4	**1**
4	**1**	**2**	**3**

- **Numéro de la clé : 3 2 1 2.**

Page 35

▶ **Chiffre mystère n° 13 :**
7 (il y a **7** vases).

ÉNIGME 14

Page 36

① Les **voleurs** cachent leur butin.
② La **fillette** photographie les objets volés.
③ Le **danger** arrive.
④ Le **château** est le repère des voleurs.
⑤ Les **enfants** cherchent une cachette.
⑥ La **peur** des enfants est grande.

①	V	O	L	E	U	R	S					
				②	F	I	L	L	E	T	T	E
					③	D	A	N	G	E	R	
	④	C	H	A	T	E	A	U				
		⑤	E	N	F	A	N	T	S			
			⑥	P	E	U	R					

▶ **Votre cachette :** Derrière le **rideau** !

Page 37

▶ **Code du cadenas : 2 6 9 5.**

▶ **Chiffre mystère n° 14 : 6**
(2 **6**95).

ÉNIGME 15

Page 38

▶ **Paroles décodées : Rattrapez ces enfants !**

Page 39

▶ **Chiffre mystère n° 15 : 8**
(8**8**2).

Découvre le mot secret – Page 40

Chiffre mystère de l'énigme…				
11	*12*	*13*	*14*	*15*
1	2	7	6	8

Énigme 11	S	Y	G	A	D	J	O	C	Z
Énigme 12	Q	I	V	A	B	M	P	Y	E
Énigme 13	J	F	N	Z	D	E	T	B	P
Énigme 14	C	R	S	U	I	U	Z	U	I
Énigme 15	K	O	T	A	V	L	E	E	N

▶ **Mot secret de l'Escape Game 3 :** SITUÉ.

ÉNIGME 16

Page 42

Page 43

Allumer = 6 + 7 = 13   Éteindre = 13 × 2 = 26

▶ **Réponse :** Il faut presser les touches : **2 6**.

▶ **Chiffre mystère n° 16 : 6** (2**6**).

ÉNIGME 17

Page 44

▶ **Code : 3 9 5 4**.

Page 45

①	**T**	**R**	**I**	**A**	**N**	**G**	**L**	**E**
②	**O**	**B**	**T**	**U**	**S**			
③	**U**	**N**						
④	**R**	**È**	**G**	**L**	**E**			

▶ **Code du cadenas : T O U R**.

▶ **Chiffre mystère n° 17 : 1** (**un**).

ÉNIGME 18

Page 46

Page 47

Manette ① = éclairage

Manette ② = musique

Manette ③ = départ wagons

▶ **Réponse :** Il faut monter la manette : **3**.

▶ **Chiffre mystère n° 18 : 3**.

ÉNIGME 19

Page 48

P = touche 7 A = touche 1 S = touche 8 E = touche 3

▶ **Code du bâtiment : 7 1 8 3**.

Page 49

Il faut remonter les manettes signalées par une flèche sur la plaque.

▶ **Réponse :** Il faut remonter les manettes : **2 3 5**.

▶ **Chiffre mystère n° 19 : 5** (2 3 **5**).

ÉNIGME 20

Page 50

▶ **Mot de passe : attraction**.

Page 51

Éteindre →  = 9  = 2  = 4

▶ **Touches à appuyer : 9 2 4**.

▶ **Chiffre mystère n° 20 : 9** (**9** 2 4).

Découvre le mot secret – Page 52

Chiffre mystère de l'énigme...				
16	17	18	19	20
6	1	3	5	9

Énigme 16	F	Y	G	A	D	**S**	O	C	Z
Énigme 17	**U**	I	V	A	B	M	P	Y	E
Énigme 18	J	F	**R**	Z	D	E	L	B	P
Énigme 19	C	R	S	U	**L**	F	Z	U	I
Énigme 20	K	O	T	A	V	L	E	Y	**A**

▶ **Mot secret de l'Escape Game 4 :** SURLA.

ÉNIGME 21

Page 54

6 est inférieur à 10 et 2 × 3 = 6.

▶ **Interrupteur :** n° **6**.

Page 55

873 – 531 = 342

▶ **Code de la grille : 3 4 5.**

▶ **Chiffre mystère n° 21 : 4** (345).

ÉNIGME 22

Page 56

▶ **Code : 6 4 3 5** (= le nombre de côtés des figures).

Page 57

- **Message décodé : Entrer mot de passe.**
- **Chiffre mystère n° 22 : 3** (**3**4 512).

ÉNIGME 23

Page 58

- **Inscription déchiffrée : Mot de passe : issue de secours.**

Page 59

- **Mot décodé : allumage.**
- **Chiffre mystère n° 23 : 5** (E est la **5**^{e} lettre de l'alphabet).

ÉNIGME 24

Page 60

4 × 4 = 16 2 × 2 = 4 4 × 2 = 8 8 – 2 = 4 + 1 + 1

- **Valeur des lettres :** A = **4** ; B = **2** ; C = **8** ; D = **1**.

Page 61

- **Code : 2 4 1 8.**
- **Chiffre mystère n° 24 : 2** (**2** 418).

ÉNIGME 25

Page 62

1re ligne du message : **OUVERT** ;
2de ligne : **FERMÉ**.

- **Couleur du bouton : vert.**

Page 63

Il y a 19 rectangles sur le tableau.

- **Code : 1 9.**
- **Chiffre mystère n° 25 : 1** (**1**9).

Découvre le mot secret – Page 64

Chiffre mystère de l'énigme...				
21	22	23	24	25
4	3	5	2	1

Énigme 21	F	Y	G	T	D	J	O	C	Z
Énigme 22	Q	I	A	A	B	M	P	Y	E
Énigme 23	J	F	N	Z	B	E	L	B	P
Énigme 24	C	L	S	U	I	F	Z	U	I
Énigme 25	E	O	T	A	V	L	E	Y	N

▶ **Mot secret de l'Escape Game 5 :** TABLE.

ESCAPE GAME FINAL

Page 66

Escape game 1 : PETIT.
Escape game 2 : CADRE.
Escape game 3 : SITUÉ.
Escape game 4 : SURLA.
Escape game 5: TABLE.

▶ **L'indice secret est : Petit cadre situé sur la table.**